Hans Wolfgang Wolff

Geschäfts- und Verhandlungssprache Deutsch

Band 4:

LANGUAGE PROGRAMMES DEVELOPMENT CENTRE

Hans Wolfgang Wolff

Geschäfts- und Verhandlungssprache Deutsch

Band 4:

Eine harte Verkaufsverhandlung

MAX HUEBER VERLAG

Handbuch zum Audio-Kurs (Hueber-Nr. 9680)

Lerneinheit 1: Das Vorstellungsgespräch (Hueber-Nr. 9681)
Tonband (Hueber-Nr. 2.9681), Cassette (Hueber-Nr. 3.9681)
Lerneinheit 2: Ein günstiger Einkauf (Hueber-Nr. 9682)
Tonband (Hueber-Nr. 2.9682), Cassette (Hueber-Nr. 3.9682)
Lerneinheit 3: Die Dienstreise (Hueber-Nr. 9683)
Tonband (Hueber-Nr. 2.9683), Cassette (Hueber-Nr. 3.9683)
Lerneinheit 4: Eine harte Verkaufsverhandlung (Hueber-Nr. 9684)
Tonband (Hueber-Nr. 2.9684), Cassette (Hueber-Nr. 3.9684)
Lerneinheit 5: Versand über die Grenzen (Hueber-Nr. 9685)
Tonband (Hueber-Nr. 2.9685), Cassette (Hueber-Nr. 3.9685)
Lerneinheit 6: Das neue Produkt (Hueber-Nr. 9686)
Tonband (Hueber-Nr. 2.9686), Cassette (Hueber-Nr. 3.9686)
Lerneinheit 7: Ein Fall für den Computer (Hueber-Nr. 9687)
Tonband (Hueber-Nr. 2.9687), Cassette (Hueber-Nr. 3.9687)
Lerneinheit 8: Das erfolgreiche Angebot (Hueber-Nr. 9688)
Tonband (Hueber-Nr. 2.9688), Cassette (Hueber-Nr. 3.9688)
Lerneinheit 9: Ein Finanzierungsproblem (Hueber-Nr. 9689)
Tonband (Hueber-Nr. 2.9689), Cassette (Hueber-Nr. 3.9689)
Lerneinheit 10: Gute Geschäfte im Ausland (Hueber-Nr. 9690)
Tonband (Hueber-Nr. 2.9690), Cassette (Hueber-Nr. 3.9690)

Glossare zu Lerneinheit 1 bis 10 von I. Thier und H. W. Wolff:
Deutsch—Englisch   (Hueber-Nr. 2.9680)
Deutsch—Französisch   (Hueber-Nr. 3.9680)
Deutsch—Spanisch   (Hueber-Nr. 4.9680)

Verlagsredaktion: Hans-Werner Maier

ISBN 3—19—00.9684—8
1. Auflage 1975
© 1975 Max Hueber Verlag München
Schreibsatz: Brigitte Schneider, München
Druck: G. J. Manz AG, Dillingen
Printed in Germany

Vorwort

Das vorliegende Programm gehört zu der Serie „GESCHÄFTS- UND VER-
HANDLUNGSSPRACHE DEUTSCH", die ihrerseits einen Bestandteil der
LPDC-Reihe „*Sprachen in Wirtschaft und Technik*" bildet. Die Serie wendet
sich besonders an Lernende mit guten Grundkenntnissen, die ihre Hörverste-
hens- und Sprechfähigkeit in praxisnahem Industrie- und Wirtschaftsdeutsch
vervollkommnen wollen.

Ausgangspunkt sämtlicher Programme sind Tonbandaufnahmen realistischer
Dialoge.

Die Serie „GESCHÄFTS- UND VERHANDLUNGSSPRACHE DEUTSCH"
führt zum aktiven Gebrauch des Deutschen im Geschäftsleben. Im Maße des
Fortschreitens in der Serie wird das Hörverständnis der Lernenden so weit ge-
schult, daß sie Fachdiskussionen gut folgen und über deren wichtige Punkte
Auskunft geben können. Der Erreichung dieses Ziels dienen die zahlreichen, an
Geschäfts- und Wirtschaftsthemen orientierten Dialoge und die Audio-Testein-
heiten.

Mit dem gleichen Nachdruck wird die Sprechfähigkeit gefördert. Die Arbeit mit
diesem Kurs versetzt die Lernenden in die Lage, Fachgespräche zu führen und
sich in allen wichtigen Situationen einer Fachdiskussion zu behaupten. Dieses
Ziel wird erreicht durch ständiges und vielfach variiertes Üben im dialogischen
Sprechen und Anwenden stereotyper Satzmuster, wobei für die Übungen aus-
schließlich Wortschatz und Strukturen Verwendung finden, die in den Dialogen
vorgegeben sind.

Dialoge und Übungen der Serie sind sprachliche Aktion und Reaktion, die in
Frage und Antwort, Aussage und Stellungnahme, Behauptung und Widerspruch
zum Ausdruck kommen.

Zwar haben Hören und Sprechen klaren Vorrang, doch werden in jeder Lerneinheit auch die Fähigkeiten des Lesens und Schreibens gefördert.

„GESCHÄFTS- UND VERHANDLUNGSSPRACHE DEUTSCH" bietet den
Lernstoff in wohlabgewogenen, abwechslungsreichen Lernschritten, die sich etwa zu gleichen Teilen auf das Buch und das Tonband als Medien verteilen.

Der gesamte Audio-Kurs besteht aus zehn Lerneinheiten. Im Klassenunterricht
bietet er bei zwei Übungsstunden pro Woche (und täglich etwa 15 Minuten
„Training") Stoff für etwa ein Unterrichtsjahr. Der Kurs ist hervorragend geeig-
net für den Klassenunterricht im Sprachlabor und in Klassen, die über wenigstens

5

ein Tonbandgerät verfügen. Andererseits machen die präzisen Lernanweisungen, die ein- und zweisprachigen Glossare sowie das umfangreiche Tonbandmaterial diese Serie zu einem Unterrichtswerk, das auch lehrerunabhängig mit Hilfe eines Cassetten-Recorders durchgearbeitet werden kann. Der wirtschaftsorientierte Selbstlerner wird es begrüßen, daß dieses Sprachlehrwerk gleichzeitig zahlreiche Sachinformationen aus dem Wirtschafts- und Berufsleben enthält.

Die Entwicklung dieser Programme wäre ohne den Rat und die Hilfe zahlreicher in Industrie und Wirtschaft tätiger Fachleute nicht möglich gewesen.

Der Verfasser dankt insbesondere:
den Herren W. Abt, K. Arras, A. Eisenhardt, G. Frietzsche, Dr. O. Garkisch, G. Homburg, G. Juhnke, H. Koch, W. Kohaut, Dr. H. Linde, W. Mann, E. D. Menges, K. A. Raspe, P. R. Rutka, F. J. Schmid, H. Sobottka, H. Walther, R. Weinrich, E. Winecker, A. Wugk für ihre Mitarbeit bei der Aufnahme authentischer Dialoge und die Klärung von Sachfragen;
seiner Frau Rita Wolff für unermüdliche Mitarbeit.

Hans W. Wolff

Inhaltsverzeichnis

Der schwarze Punkt (●) bedeutet: hier muß der Lernende den Tonträger (Band, Cassette) einsetzen!

Einleitung

Grundlage und Ausgangspunkt des Programms „EINE HARTE VERKAUFS-
VERHANDLUNG" sind Verhandlungsdialoge, in denen der kaufmännische
Direktor einer griechischen Firma und ein im Auslandsgeschäft an leitender
Stelle tätiger technischer Kaufmann der Firma Euro-Engineering zu Worte
kommen.

Der sachliche Inhalt des Programms läßt sich in folgenden Stichworten kurz
kennzeichnen:

Die Verhandlung über die Garantien – Materialqualität und Anlagenleistung –
Die Lieferbedingungen werden nicht akzeptiert – Änderungswünsche des Kun-
den – Man muß Entgegenkommen zeigen – Eine große Sicherheitsreserve –
Was tun, wenn ein Teil der Anlage ausfällt? – Umweltverschmutzung und ihre
Folgen – Störungen, Mängel, Defekte – Die Frage der Konventionalstrafe –
Die Meßtoleranz – Ein neuer Minister und neue Vorschriften – Auseinander-
gehende Vorstellungen – Milligrammwerte oder Prozentwerte? – Keine Kompromißbereitschaft – Will der Kunde mit der Pönale Geld verdienen? – Das
Risiko der Anlagenstillegung – Besondere Verhältnisse – Zu viel Geld ausgegeben? – Einwände prinzipieller Art – Die Geschäftsführung begrenzt die Zugeständnisse – Der Ruf der Firma steht auf dem Spiel – Muß Herr Arnold die
seidene Schnur fürchten? – Der Unterschrift unter den Vertrag einen Schritt
näher.

Wegweiser durch das Programm

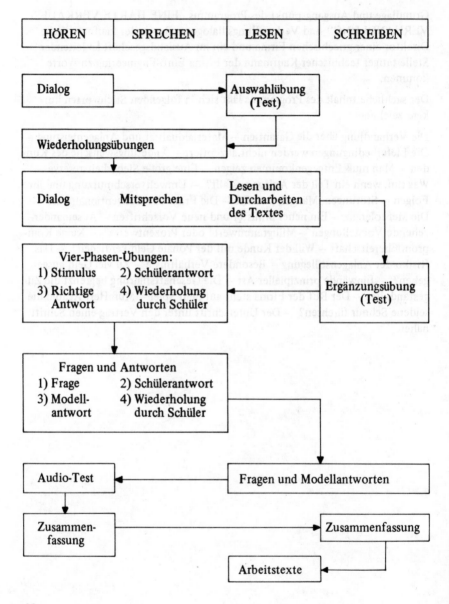

| HÖREN | SPRECHEN | LESEN | SCHREIBEN |

Dialog → Auswahlübung (Test)

Wiederholungsübungen

Dialog — Mitsprechen — Lesen und Durcharbeiten des Textes

Vier-Phasen-Übungen:
1) Stimulus   2) Schülerantwort
3) Richtige   4) Wiederholung
   Antwort   durch Schüler

Ergänzungsübung (Test)

Fragen und Antworten
1) Frage   2) Schülerantwort
3) Modell-   4) Wiederholung
   antwort   durch Schüler

Audio-Test ← Fragen und Modellantworten

Zusammen-fassung → Zusammenfassung

Arbeitstexte

1 A Dialog (Tonband)

HÖREN Sie sich den Dialog mehrmals an.
Mehrmaliges Anhören steigert den Lernerfolg.
Das Ende des Dialogs Teil 1 wird durch einen Gongschlag gekennzeichnet.
Machen Sie unmittelbar im Anschluß daran die Auswahlübung 1 B und die Wie-
derholungsübung 1 D.
Lesen Sie den Dialogtext jetzt noch nicht mit, sondern üben Sie Ihr Hörver-
ständnis.

1 B Auswahlübung

LESEN Sie den folgenden Text. Kreuzen Sie diejenige Aussage an, die den im Dialog gegebenen Informationen entspricht. Den Schlüssel zu dieser Übung finden Sie unter 1 C.

1. Herr Papagos spricht von zwei Dingen, die während eines bestimmten Zeitraumes garantiert werden sollen. Es handelt sich dabei um
   a) die Sicherheitsreserve und die Materialqualität
   b) die Materialqualität und die Anlagenleistung
   c) die Anlagenleistung und die Pönalisierung

2. Die Materialgarantie von 12 Monaten, auf die sich beide Herren geeinigt haben, soll gültig sein ab dem Zeitpunkt
   a) der Inbetriebnahme der Anlage
   b) der Installation des vierten Aggregats
   c) der Lieferung der Anlage

3. Bei Ausfall eines Hochspannungsaggregats kann
   a) die gewünschte Leistung nicht mehr eingehalten werden
   b) die Materialgarantie nicht mehr eingehalten werden
   c) die gewünschte Leistung noch eingehalten werden

4. Die neue Anlage wird in einem ausgesprochenen Touristengebiet errichtet. Aus diesem Grund darf
   a) kein viertes Aggregat installiert werden
   b) kein Fall von Umweltverschmutzung vorkommen
   c) kein Teil der Anlage ausfallen

1 C Schlüssel zur Auswahlübung

(q ·4   (ɔ ·ɛ   (ɐ ·2   (q ·1

1 D Wiederholungsübung (Tonband)

HÖREN Sie Ihren Tonbandlehrern zu. SPRECHEN Sie in den Pausen nach.
Auf dem Tonband folgt diese Übung dem Dialog 1 A. Schauen Sie beim Nach-
sprechen nicht in Ihr Buch. Imitieren Sie Aussprache und Intonation der
Sprecher(in). Wiederholen Sie diese Übung mehrmals.

1 E Wiederholungsübung

LESEN Sie diesen Text erst nach der Arbeit mit dem Tonband.

Wichtige Dinge – wichtige Dinge zu besprechen – wir haben heute wichtige Dinge zu besprechen

Ergebnis – zu einem guten Ergebnis – Daß wir zu einem guten Ergebnis kommen werden – ich hoffe, daß wir zu einem guten Ergebnis kommen werden

Geändert – in wesentlichen Punkten geändert – dieser Passus müßte in wesentlichen Punkten geändert werden

Entgegenkommen – mit einer Verlängerung entgegenkommen – mit einer Verlängerung auf zwölf Monate würden wir Ihnen sehr entgegenkommen

Keine Anlagen – bei uns fallen keine Anlagen aus – bei uns fallen überhaupt keine Anlagen aus – bei uns fallen normalerweise überhaupt keine Anlagen aus

In der Praxis – in der Praxis kommt das nicht vor – theoretisch vorstellen – das kann man sich theoretisch vorstellen – das kann man sich theoretisch vorstellen, aber in der Praxis kommt das nicht vor

Die neue Anlage – daß die neue Anlage errichtet wird – daß die neue Anlage in einem Touristengebiet errichtet wird – Sie wissen, daß die neue Anlage in einem ausgesprochenen Touristengebiet errichtet wird

Umweltverschmutzung – nur ein Fall von Umweltverschmutzung – auch nur ein Fall von Umweltverschmutzung hätte böse Folgen

Bestellt – bei Ihnen bestellt – vor ein paar Jahren bei Ihnen bestellt – diese Anlage haben wir vor ein paar Jahren bei Ihnen bestellt

Ausgeschlossen – Störungen halten wir für ausgeschlossen – solche Störungen halten wir für völlig ausgeschlossen

Behoben – von uns rasch behoben – eventuelle Schäden werden von uns rasch behoben

1 F Dialog (Tonband und Buch)

HÖREN Sie sich den Dialog 1 A nochmals an. LESEN Sie gleichzeitig den folgenden Dialogtext *stumm* mit. Arbeiten Sie anschließend den Text durch. Dabei hilft Ihnen das einsprachige Glossar im Anschluß an den Dialogtext, auf das die Zahlen vor den zu erklärenden Ausdrücken verweisen. HÖREN Sie sich schließlich den Dialog nochmals an und versuchen Sie, ihn gleichzeitig zu SPRECHEN.

Herr Arnold:	Guten Morgen, Herr Papagos!
Herr Papagos:	Guten Morgen, Herr Arnold. Wie geht's? Haben Sie gut geschlafen?
Herr Arnold:	Sehr gut, vielen Dank. Ich fühle mich frisch und ausgeruht.
Herr Papagos:	Das freut mich, denn wir haben heute wichtige Dinge zu besprechen.
Herr Arnold:	Ja, und ich hoffe sehr, daß wir zu einem guten Ergebnis kommen werden.
Herr Papagos:	Das hoffe ich auch.
Herr Arnold:	Hatten Sie inzwischen Gelegenheit, unsere Vorschläge zu prüfen?
Herr Papagos:	Ich habe mir Ihre Vorschläge angesehen, Herr Arnold. Mit den meisten Punkten bin ich einverstanden, aber über den Komplex der Garantien müssen wir noch sprechen.
Herr Arnold:	Ja, gerne.
Herr Papagos:	Wir stellen uns vor, daß Sie uns sowohl die Materialqualität wie auch (1) *die Leistung Ihrer Anlage* während eines bestimmten Zeitraums garantieren.
Herr Arnold:	Selbstverständlich. Sie wissen ja, Herr Papagos, daß unsere allgemeinen Lieferbedingungen bezüglich der (2) *Materialgewährleistung* klare Angaben enthalten; die würden natürlich auch für Ihren (3) *Auftrag* gelten.
Herr Papagos:	Gehen Sie bitte davon aus, daß Ihre Lieferbedingungen keine Gültigkeit haben, denn wir werden einen Vertrag machen, der diese Lieferbedingungen ausschließt.

15

Herr Arnold:	Ja, dann würde ich vorschlagen, daß wir in diesen Vertrag den entsprechenden (4) *Passus* der Lieferbedingungen aufnehmen.
Herr Papagos:	Darüber können wir uns unterhalten, aber dieser Passus müßte (5) *in wesentlichen Punkten* geändert werden.
Herr Arnold:	In welcher Richtung gehen denn Ihre Änderungswünsche? Sie wissen ja, daß in unseren Lieferbedingungen die Materialgewährleistung auf sechs Monate begrenzt ist ...
Herr Papagos:	Das ist viel zu kurz, Herr Arnold. Sie müssen (6) *die einwandfreie Qualität* und Haltbarkeit Ihres Materials für einen Zeitraum von mindestens zwei Jahren (7) *ab Inbetriebsetzung* der Anlage garantieren.
Herr Arnold:	Entschuldigen Sie, aber (8) *das halte ich nun für viel zu lang.* Gut, ich wäre in Ihrem besonderen Fall bereit, (9) *die Garantiefrist* auf zwölf Monate zu verlängern. Schauen Sie, das ist doch nicht die erste Anlage, die Sie bei uns kaufen, und bis jetzt hat es, das wissen Sie, in diesen Anlagen keinerlei Materialprobleme gegeben. Ich glaube also, (10) *daß wir Ihnen mit einer Verlängerung* auf zwölf Monate sehr *entgegenkommen würden.*
Herr Papagos:	Gut. Einverstanden mit zwölf Monaten Materialgarantie ab Inbetriebnahme der Anlage. Der nächste Punkt ist die Leistungsgarantie, und hier haben wir noch einige Sonderwünsche.
Herr Arnold:	Wir hatten als Garantie (11) *fünfzig Milligramm pro Kubikmeter* angeboten ...
Herr Papagos:	Ja, das ist richtig, aber wir möchten, daß Sie uns vierzig Milligramm garantieren – (12) *können Sie das schaffen?*
Herr Arnold:	Nun, wissen Sie, mit vierzig Milligramm nähern wir uns natürlich (13) *einem Bereich, den man* (14) *meßtechnisch nicht mehr genau erfassen kann.* Andererseits haben wir aufgrund Ihrer (15) *Ausschreibung* das (16) *Elektrofilter* sehr reichlich dimensioniert, und unsere Sicherheitsreserve ist so groß, daß wir Ihnen hier entgegenkommen können. Wir wären also bereit, vierzig Milligramm zu garantieren.

16

Herr Papagos:	Sehr schön. *Was machen wir aber,* Herr Arnold, *wenn eines der drei (17) Hochspannungsaggregate (18) ausfällt?*
Herr Arnold:	Nun, die Anlage ist ja (19) *so ausgelegt,* daß auch bei Ausfall eines Hochspannungsaggregats die gewünschte Leistung noch eingehalten werden kann. Sie können also damit rechnen, daß trotz eines solchen Ausfalls noch fünfzig Milligramm pro Kubikmeter erreicht werden …
Herr Papagos:	Vierzig, Herr Arnold, vierzig!
Herr Arnold:	Ja nun, Sie dürfen doch nicht vergessen, daß dann nur noch zwei Drittel der (20) *Anlage in Betrieb* wären!
Herr Papagos:	Da haben Sie recht, aber (21) *wir können das nicht so ohne weiteres akzeptieren.* Wir müßten **dann** schon fordern, daß Sie auch bei Ausfall von **zwei** Aggregaten noch fünfzig Milligramm erreichen …
Herr Arnold:	Nun, wenn zwei Aggregate ausfallen, dann bleibt nur noch ein Drittel des Elektrofilters in Betrieb. (22) *Wenn Sie auf dieser Forderung bestehen würden,* dann müßten wir ein Reserveaggregat installieren. Dann können auch zwei Aggregate ausfallen, und wir sind immer noch in der Lage, fünfzig Milligramm zu erreichen. Die vierzig Milligramm, die müssen Sie wirklich vergessen!
Herr Papagos:	Ja, und vergessen Sie bitte das Reserveaggregat! Das würden Sie doch nur deshalb installieren, weil Sie nicht sicher sind, ob Sie bei Ausfall von zwei Aggregaten die Garantie noch erreichen …
Herr Arnold:	So sehen Sie es. Zunächst (23) *möchte ich feststellen,* daß normalerweise bei uns überhaupt keine Hochspannungsaggregate ausfallen. Daß bei Ihrer Anlage gleich zwei ausfallen sollen, das kann man sich theoretisch vorstellen, aber in der Praxis wird das nicht vorkommen.
Herr Papagos:	Vorsicht, Herr Arnold! Sie wissen, daß die neue Anlage (24) *in einem ausgesprochenen Touristengebiet* errichtet wird. Da hätte auch nur ein Fall von (25) *Umweltverschmutzung* böse Folgen für uns.
Herr Arnold:	Nun, Herr Papagos, *wenn Sie sich* so extrem (26) *absichern wollen,* dann ist die Installation eines vierten Aggregats not-

wendig. Andererseits haben Sie doch von uns eine Materialgarantie, die wir sogar auf zwölf Monate verlängert haben.
Das bedeutet für Sie die Sicherheit, daß eventuelle (27) *Schäden* an einem Aggregat von uns rasch behoben werden. Daß
zum gleichen Zeitpunkt ein zweites Aggregat ausfällt, das halte ich wirklich für völlig ausgeschlossen.

Herr Papagos: Denken Sie an die Anlage in Saloniki, die wir vor ein paar
Jahren bei Ihnen bestellt haben! Dort sind hintereinander
zwei Aggregate ausgefallen. Auch (28) *das von Ihrer Liefer-
firma ersetzte Aggregat* war innerhalb von vierzehn Tagen
wieder defekt.

Herr Arnold: Das ist richtig, aber ich muß betonen, es war nicht so, daß
beide Aggregate gleichzeitig ausgefallen sind, sondern es war
(29) *jeweils* nur eine (30) *Störung* an einem Aggregat.

Herr Papagos: Gut. Ich bin einverstanden mit Ihrem Vorschlag für einen Garantiewert von fünfzig Milligramm bei Ausfall von einem Aggregat . . .

Herr Arnold: . . . wobei, das muß ich hinzufügen, damit keine Mißverständ-
nisse entstehen, auf jeden Fall noch zwei Aggregate in Betrieb
sein müssen!

Herr Papagos: Ja, einverstanden. Aber das möchte ich Ihnen jetzt schon sagen, Herr Arnold: bei der Frage der (31) *Pönalisierung Ihrer
Garantien* werden wir auf diesen Punkt noch zu sprechen
kommen . . .

(1 Gongschlag)

18

1 G Glossar

1 die Leistung der Anlage — die projektierte Anlage soll den Staub aus den Abgasen eines Zementofens entfernen; ihre Leistung wird ausgedrückt als Reststaubgehalt im gereinigten Gas (siehe auch 11).

2 die Materialgewährleistung — es handelt sich um eine vertraglich festgelegte Garantie betreffend die einwandfreie Ausführung des Materials der Anlage

3 der Auftrag — die Bestellung

4 der Passus — der Abschnitt, die Stelle in einem Text

5 wesentliche Punkte — sehr wichtige Punkte

6 die einwandfreie Qualität — die perfekte Qualität

7 die Inbetriebsetzung der Anlage — der erste industrielle Betrieb der Anlage

8 ich halte den Zeitraum für zu lang — meiner Meinung nach ist der Zeitraum zu lang

9 die Garantiefrist — die Dauer der Garantie

10 ich will Ihnen entgegenkommen — ich will mich Ihren Wünschen anpassen, Ihnen ein Zugeständnis, oder Zugeständnisse, machen

11 fünfzig Milligramm pro Kubikmeter (50 mg/m^3) — hier: der Reststaubgehalt im gereinigten Gas (siehe auch 1)

12 können Sie das schaffen? — wird Ihnen das gelingen?

13 diesen Bereich kann man meßtechnisch nicht mehr genau erfassen — die (bekannten) Meßmethoden erlauben in dieser Zone (von 40 mg abwärts) keine genauen Messungen mehr

14 meßtechnisch — mit den Methoden der Meßtechnik

15 die Ausschreibung — die Aufforderung, ein Angebot aufgrund genau festgelegter Bedingungen, (z. B. Preis, Lieferzeit, Leistung, Zahlungsbedingungen etc.) abzugeben

16 das Elektrofilter	Apparat zur industriellen Gasreinigung (wichtig für den Umweltschutz)
17 das Hochspannungs-aggregat	hier: eine Spannungsumsetzanlage, in der Normalspannung (380/500 V) in Hochspannung (40 000 V) umgesetzt wird
18 was machen wir, wenn die Anlage ausfällt?	was tun wir, wenn die Anlage eine Panne hat, wenn sie nicht mehr funktioniert?
19 die Anlage ist so und so ausgelegt	die Anlage ist so und so konzipiert, dimensioniert, bemessen
20 die Anlage ist in Betrieb	die Anlage läuft
21 das können wir nicht ohne weiteres akzeptieren	das können wir nicht ohne Einschränkung, ohne Vorbehalte annehmen
22 wir bestehen auf dieser Forderung	wir gehen von dieser Forderung nicht ab
23 ich möchte feststellen, daß so etwas bei uns nicht vorkommt	ich möchte betonen, nachdrücklich sagen, klarstellen, daß so etwas bei uns nicht passiert
24 ein ausgesprochenes Touristengebiet	eine Gegend mit starkem Fremdenverkehr, ein Fremdenverkehrsgebiet „par excellence"
25 die Umweltver-schmutzung	die Verunreinigung unserer natürlichen Umgebung (Land, Wasser und Luft) durch häusliche und industrielle Abfallstoffe
26 er will sich absichern	er will sich schützen
27 Schäden	Defekte
28 die Lieferfirma hat das Aggregat ersetzt	die Firma hat ein neues Aggregat (als Ersatz) geliefert
29 jeweils	in jedem (einzelnen) Fall
30 die Störung	die Panne, der Defekt
31 die Pönalisierung der Garantien	die Festsetzung einer Konventionalstrafe für die Nichteinhaltung der Garantien

1 H Ergänzungsübung

SCHREIBEN Sie die fehlenden Wörter in die Lücken. Den Schlüssel zu dieser Übung finden Sie unter 1 I.

1. Sie wissen, daß unsere allgemeinen . . . . . . bedingungen . . . . . lich der Materialge . . . . klare Angaben . . . halten.

2. Gehen Sie bitte . . . . . aus, daß Ihre Bedingungen keine G . . . . haben, denn wir werden einen . . . . . . g machen, der diese Bedingungen . . . . ßt.

3. Sie müssen die . . . . freie Qualität und Halt . . . . Ihres Materials für einen Zeit . . . . von zwei Jahren . . Inbe . . . . der Anlage garantieren.

4. Wir haben auf . . . . . Ihrer . . . . bung das Filter sehr reichlich dimensioniert, das heißt unsere . . . . . . heitsreserve ist so groß, daß wir Ihnen hier . . . . kommen können.

5. Die Anlage ist so . . . . . legt, daß auch . . . Ausfall eines Aggregats die gewünschte L . . . . noch . . . . . halt . . werden kann.

6. Wenn Sie sich . . extrem . . sichern wollen, ... ist die Installation eines weiteren Aggregats . . . . . . dig.

7. Da die Materialgarantie . . . 12 Monate . . . . ert worden ist, haben Sie die Sicherheit, daß ev . . . . Schäden von uns rasch . . . . ben werden.

1. Lieferbedingungen – bezüglich – Materialgewährleistung – enthalten
2. davon – Gültigkeit – Vertrag – ausschließt
3. einwandfreie – Haltbarkeit – Zeitraum – ab – Inbetriebsetzung
4. aufgrund – Ausschreibung – Sicherheitsreserve – entgegenkommen
5. ausgelegt – bei – Leistung – eingehalten
6. so – absichern – dann – notwendig
7. auf – verlängert – eventuelle – behoben

2 A Dialog (Tonband)

HÖREN Sie sich den Dialog mehrmals an.
Das Ende des Dialogs Teil 2 wird durch zwei Gongschläge gekennzeichnet.
Machen Sie wieder unmittelbar im Anschluß daran die Auswahlübung 2 B und
die Wiederholungsübung 2 D.

2 B Auswahlübung

LESEN Sie den folgenden Text. Kreuzen Sie diejenige Aussage an, die den im Dialog gegebenen Informationen entspricht. Den Schlüssel zu dieser Übung finden Sie unter 2 C.

1. Wenn ein Filter ausfällt, hält sich Herrn Arnolds Firma hinsichtlich der Garantie streng
   a) an die Ausschreibung
   b) an die im Lande des Kunden gültige Gesetzgebung
   c) an die Vorschriften des Kunden

2. Vor der Zahlung einer Konventionalstrafe muß der Kunde Herrn Arnolds Firma Gelegenheit geben,
   a) ein neues Filter einzubauen
   b) exakte Messungen durchzuführen
   c) die Anlage nachzubessern

3. Beide Herren sind damit einverstanden, daß die Meßtoleranz festgelegt wird auf der Basis
   a) von 10 Milligramm pro Kubikmeter
   b) der in Deutschland zulässigen Werte
   c) der VDI-Richtlinien

4. Die von Herrn Papagos vorgeschlagene Pönalestaffel liegt zwischen 1 % und 15 %
   a) des Kaufpreises der Anlage
   b) der vorgeschriebenen Werte
   c) des Materialwerts der Anlage

2 C Schlüssel zur Auswahlübung

1. a)   2. c)   3. c)   4. a)

24

2 D Wiederholungsübung (Tonband)

HÖREN Sie Ihren Tonbandlehrern zu. SPRECHEN Sie in den Pausen nach.
Auf dem Tonband folgt diese Übung dem Dialog 2 A. Schauen Sie beim Nach-
sprechen nicht in Ihr Buch. Imitieren Sie Aussprache und Intonation der
Sprecher(in). Wiederholen Sie diese Übung mehrmals.

2 E Wiederholungsübung

LESEN Sie diesen Text erst nach der Arbeit mit dem Tonband.

Störungen beseitigen — Störungen an unseren Anlagen beseitigen — wir sind bereit, alle Störungen an unseren Anlagen zu beseitigen

Die Konventionalstrafe muß geregelt werden — die Frage der Konventionalstrafe muß vertraglich geregelt werden

Eine Frist — eine Frist in den Vertrag einbauen — daß wir eine Frist in den Vertrag einbauen müssen — darauf aufmerksam machen, daß wir eine Frist in den Vertrag einbauen müssen — ich möchte Sie darauf aufmerksam machen, daß wir eine Frist in den Vertrag einbauen müssen

Der Gesamtbetrag — der Gesamtbetrag darf fünf Prozent nicht überschreiten — der Gesamtbetrag darf fünf Prozent des Lieferwerts nicht überschreiten

Eine Staffel — eine Staffel zwischen ein und fünfzehn Prozent — eine Staffel, die zwischen ein und fünfzehn Prozent des Kaufpreises liegt — ich stelle mir eine Staffel vor, die zwischen ein und fünfzehn Prozent des Kaufpreises liegt

Die Ausschreibung — wir halten uns an die Ausschreibung — in diesem Fall halten wir uns streng an die Ausschreibung

In Ordnung — alle Mängel in Ordnung gebracht — daß wir alle Mängel in Ordnung gebracht haben — Sie wissen, daß wir alle Mängel immer in Ordnung gebracht haben

Die Möglichkeit geben — Sie müssen uns die Möglichkeit geben — Sie müssen uns die Möglichkeit geben, den Wert zu erreichen — Sie müssen uns die Möglichkeit geben, den garantierten Wert zu erreichen

Solche Vorschriften — daß Sie solche Vorschriften haben — Sie können froh sein, daß Sie solche Vorschriften haben — Sie können froh sein, daß Sie in Deutschland solche Vorschriften haben

2 F Dialog (Tonband und Buch)

HÖREN Sie sich den Dialog 2 A nochmals an. LESEN Sie gleichzeitig den folgenden Dialogtext *stumm* mit. Arbeiten Sie anschließend den Text durch. Dabei hilft Ihnen das einsprachige Glossar im Anschluß an den Dialogtext, auf das die Zahlen vor den zu erklärenden Ausdrücken verweisen. HÖREN Sie sich schließlich den Dialog nochmals an und versuchen Sie, ihn gleichzeitig zu SPRECHEN.

Herr Papagos:	Was machen Sie, Herr Arnold, wenn ein Filter ausfällt und nur noch das Parallelfilter in Betrieb ist?
Herr Arnold:	In diesem Fall (1) *halten wir uns streng an die Ausschreibung,* die hierfür einen Reststaubgehalt von einhundert Milligramm pro Kubikmeter vorschreibt. Diesen Wert würden wir erreichen, und wir sind auch bereit, ihn zu garantieren.
Herr Papagos:	Sehr schön. Dann können wir uns mit der Frage der (2) *Konventionalstrafe* befassen. Verstehen Sie mich recht: wir wollen an einer Pönale nichts verdienen, sondern wir wollen Ihnen damit nur klarmachen, daß es besser für Sie ist, (3) *eine mit Mängeln behaftete Anlage* nachzubessern, als sich durch die Zahlung der Pönale freizukaufen.
Herr Arnold:	Nun, zunächst muß ich dazu bemerken, (4) *daß wir es unserem Ruf* allein schon *schuldig sind, Störungen* an unseren Anlagen (5) *zu beseitigen.* Sie wissen, daß wir in der Vergangenheit alle (6) *Mängel, wenn solche* überhaupt *aufgetreten sind,* immer in Ordnung gebracht haben.
Herr Papagos:	Solche Dinge müssen aber vertraglich geregelt werden.
Herr Arnold:	Das verstehe ich. *Haben Sie eine* konkrete (7) *Vorstellung davon,* wie diese Pönale aussehen soll? Zunächst muß man uns natürlich — entschuldigen Sie, wenn ich das noch hinzufüge! — die Möglichkeit geben, durch Nachbesserung an der Anlage den garantierten Wert zu erreichen.
Herr Papagos:	Das müssen wir Ihnen zugestehen. Allerdings möchte ich darauf aufmerksam machen, daß wir hier eine Frist in den Vertrag einbauen müssen ...
Herr Arnold:	Gut, einverstanden.

Herr Papagos:	Fassen wir doch noch einmal zusammen: Wir haben zwei Elektrofilter. Bei voller Leistung der Hochspannungsaggregate garantieren Sie vierzig Milligramm pro Kubikmeter.
Herr Arnold:	Ja, das ist richtig.
Herr Papagos:	Fällt ein Aggregat aus, so garantieren Sie noch vierzig Milligramm ...
Herr Arnold:	Nein, halt! (8) *Da muß ich Einspruch erheben,* da haben wir uns mißverstanden. Das war zwar Ihr Wunsch, aber das, was ich Ihnen zugestehen konnte, waren fünfzig Milligramm.
Herr Papagos:	Ach ja. Sie haben recht ... bei zwei Aggregaten fünfzig Milligramm. Und fällt ein Filter komplett aus, hundert Milligramm.
Herr Arnold:	So ist es.
Herr Papagos:	Was würden Sie denn als Pönale vorschlagen, Herr Arnold?
Herr Arnold:	Nun, zunächst müssen wir natürlich eine gewisse (9) *Meßtoleranz* einbauen. Gerade bei diesen niedrigen Werten ist es besonders schwierig, exakte Messungen durchzuführen. Ich würde also vorschlagen, daß wir eine Meßtoleranz von 10 Milligramm pro Kubikmeter vorsehen ...
Herr Papagos:	Dann würde ja die Pönale erst ab fünfzig Milligramm beginnen!
Herr Arnold:	Ja, und weiter würde ich vorschlagen, daß wir für jede vollendete zehn Milligramm ein halbes Prozent (10) *des Lieferwerts* zahlen ...
Herr Papagos (indigniert):	Herr Arnold!
Herr Arnold:	... wobei der Gesamtbetrag der Pönale fünf Prozent des Lieferwerts nicht überschreiten darf.
Herr Papagos:	Herr Arnold, schauen Sie, bei vierzig Milligramm würde das bedeuten, daß Sie (11) *Ihren garantierten Staubauswurf* um fünfundzwanzig Prozent überschreiten können, bevor Sie überhaupt mit einer Pönalienzahlung beginnen müssen.
Herr Arnold:	Das würde ich nicht in Prozenten sehen, Herr Papagos, denn wenn wir zum Beispiel zehn Milligramm garantieren würden, dann hätten wir bei einer Meßtoleranz von zehn Milligramm sogar hundert Prozent Überschreitung!

Herr Papagos:	Ich glaube, wir brauchen uns über die Meßtoleranz nicht weiter zu unterhalten, denn in Ihren (12) *VDI-Richtlinien* ist doch sicher eine Meßtoleranz vorgesehen ...
Herr Arnold:	Gut. Ich bin damit einverstanden, daß wir die Meßtoleranz auf der Basis der VDI-Richtlinien festlegen. Dann bleibt es also bei meinem Vorschlag, daß wir pro volle zehn Milligramm ein halbes Prozent des Lieferwerts zahlen, und dies bis maximal fünf Prozent.
Herr Papagos:	Ich halte das für zu niedrig. Ich stelle mir eine (13) *Pönalestaffel* vor, die zwischen ein und fünfzehn Prozent des Kaufpreises liegt, wobei ich davon ausgehe, daß Ihr garantierter Staubauswurf auf keinen Fall um mehr als das Doppelte überschritten werden darf.
Herr Arnold:	Nun, Herr Papagos, selbst bei einer theoretischen Überschreitung um hundert Prozent bewegen wir uns noch in einer (14) *Größenordnung,* die, verglichen mit unserer derzeitigen deutschen Gesetzgebung, weit unterhalb der vorgeschriebenen Grenze liegt. Selbst bei einer Verdoppelung der Ihnen garantierten vierzig Milligramm lägen Sie immer noch bei der Hälfte der in Deutschland (15) *zulässigen Staubauswurfmenge* und übrigens auch noch weit unter der (16) *Sichtbarkeitsgrenze,* und das ist ja doch eigentlich der kritische Punkt!
Herr Papagos:	Ja, Herr Arnold, so ist die Situation in Deutschland, und Sie können froh sein, daß Sie solche Vorschriften haben. In unserem Land ist die Situation anders. Wir haben keine Vorschriften. Das heißt, jeden Tag kann ein Minister, ein neuer Minister vielleicht, irgendwelche (17) *Vorschriften erlassen,* und was machen wir, wenn diese Vorschriften über die vierzig Milligramm hinausgehen?
Herr Arnold:	Das halte ich für völlig ausgeschlossen. Wir wissen doch, wie andere Länder in ähnlicher Situation vorgegangen sind. Die Behörden orientieren sich doch zunächst einmal an den in Nachbarländern bereits existierenden Vorschriften ...
Herr Papagos:	Das ist ein Punkt, der mich sehr interessiert. Aber wie wäre es jetzt mit einer Tasse Kaffee? Ich glaube, die hätten wir verdient!
Herr Arnold:	Ja, den Eindruck habe ich auch ... *(2 Gongschläge)*

2 G Glossar

1 wir halten uns streng an die Ausschreibung — wir weichen in keinem Punkt von der Ausschreibung ab

2 die Konventionalstrafe — die Strafzahlung (für Nichterfüllung von Garantien, Lieferverzug etc.)

3 eine mit Mängeln behaftete Anlage — eine Anlage mit Fehlern, Schäden, Defekten

4 das sind wir unserem Ruf schuldig — unser guter Name, unsere Reputation zwingt uns dazu

5 Störungen beseitigen — Pannen, Defekte beheben

6 wo sind die Mängel aufgetreten? — wo haben sich die Störungen, Fehler, Defekte gezeigt? Wo sind die Störungen etc. vorgekommen?

7 ich habe keine Vorstellung von der Sache — ich kann mir keinen Begriff von der Sache machen

8 ich muß Einspruch erheben — ich muß protestieren

9 die Meßtoleranz — zulässige Abweichung von einem gemessenen Wert

10 der Lieferwert — der Wert, Preis der gelieferten Anlage

11 der garantierte Staubauswurf — das den Kamin verlassende Abgas enthält noch Staubteilchen, deren Menge jedoch einen garantierten Wert nicht überschreiten darf

12 die VDI-Richtlinien — die Vorschriften des Vereins Deutscher Ingenieure

13 die Pönalestaffel — die Konventionalstrafe ist abgestuft entsprechend der Größe der Abweichung vom garantierten Wert. Das entsprechende System nennt man Staffel.

14 die Größenordnung — der Zahlenbereich

15 die zulässige Menge — die erlaubte Menge

16 die Sichtbarkeitsgrenze — der aus dem Kamin austretende Staub ist ab einer bestimmten Größe und Menge der Staubteilchen nicht mehr sichtbar

17 der Minister hat neue Vorschriften erlassen — der Minister hat neue Anordnungen herausgegeben

2 H Ergänzungsübung

SCHREIBEN Sie die fehlenden Wörter in die Lücken. Den Schlüssel zu dieser Übung finden Sie unter 2 I.

1. Wir sind .. unserem R . . allein schon sch . . . . . , St . . . . an unseren Anlagen zu b . . . . en.

2. Sie wissen, daß wir in der Vergangenheit alle M . . . . . , wenn solche über- . . . . . auf . . . . sind, immer in . . . . . . gebracht haben.

3. Die Möglichkeit der Nachbesserung müssen wir Ihnen . . . . . . ehen, aber ich möchte Sie . . . . . . aufmerksam machen, daß wir hier eine F . . . . in den Vertrag ein . . . . . müssen.

4. Ich glaube, wir b . . . . uns . . . . diesen Punkt nicht weiter zu unterhal- ten, ... in Ihren VDI- . . . . . linien ist doch sicher eine Meßtoleranz v . . . . en.

5. Selbst bei einer theoretischen . . . . tung um 100 % bewegen wir . . . noch in einer Größenordnung, die, v . . . . mit unserer . . . zeitigen deutschen Gesetz . . . . . . , weit unterhalb der vor . . . . Grenze liegt.

6. In unserem Land ist die Situation a . . . . . , das heißt, jeden Tag kann ein Minister irgend . . . . . . Vorschriften e . . . . , die vielleicht über den Wert von 40 Milligramm . . . . . . gehen.

7. Die Be . . . . . . orientieren . . . . zunächst . . den in Nachbarländern be . . . . . existierenden Vorschriften.

1. es – Ruf – schuldig – Störungen – beseitigen
2. Mängel – überhaupt – aufgetreten – Ordnung
3. zugestehen – darauf – Frist – einbauen
4. brauchen – über – denn – VDI-Richtlinien – vorgesehen
5. Überschreitung – uns – verglichen – derzeitigen – Gesetzgebung – vorgeschriebenen
6. anders – irgendwelche – erlassen – hinausgehen
7. Behörden – sich – an – bereits

3 A Dialog (Tonband)

HÖREN Sie sich den Dialog mehrmals an.
Das Ende des Dialogs Teil 3 wird durch 3 Gongschläge gekennzeichnet.
Bitte vor dem Lesen des Dialogtextes unbedingt erst die Auswahl- und Wieder-
holungsübung durchgehen.

3 B Auswahlübung

LESEN Sie den folgenden Text. Kreuzen Sie diejenige Aussage an, die den im Dialog gegebenen Informationen entspricht. Den Schlüssel zu dieser Übung finden Sie unter 3 C.

1. Nach Aussage von Herrn Papagos kann die Anlage bei Überschreitung der Garantiewerte
   a) jederzeit stillgelegt werden
   b) auf keinen Fall akzeptiert werden
   c) um ein Drittel größer ausgelegt werden

2. Daß über das im Dezember gemachte Angebot hinaus noch ein zusätzliches Aggregat vorgesehen wurde, war
   a) ein weiteres Zugeständnis
   b) ein Kompromißvorschlag
   c) der Wunsch des Kunden

3. Bei Herrn Arnolds Einwänden gegen die Höhe der Pönale spielen auch prinzipielle Erwägungen eine Rolle. Um welche Erwägungen handelt es sich genau?
   a) Herr Arnold darf nicht mehr Zugeständnisse machen, als seine Geschäftsführung zuläßt
   b) Herr Arnold will sehen, ob Herr Papagos Kompromißbereitschaft zeigt
   c) Herr Arnold denkt an andere internationale Verträge und will nichts tun, was absolut unüblich ist

4. Wie kommt Herr Arnold der Unterschrift unter den Vertrag einen großen Schritt näher? Indem er
   a) zumindest hier und jetzt kein weiteres Zugeständnis macht
   b) den Vorschlag der Begrenzung der Pönale auf maximal 10 % akzeptiert
   c) die Pönale von 5 % glatt akzeptiert

3 C Schlüssel zur Auswahlübung

1. a) 2. c) 3. a) 4. b)

3 D Wiederholungsübung (Tonband)

1. Hören Sie sich den Kurzdialog an.
2. Spulen Sie das Band zurück und wiederholen Sie, was der erste Dialogpartner sagt.
3. Spulen Sie das Band zurück und wiederholen Sie, was der zweite Dialogpartner sagt.

Auf dem Tonband folgt diese Übung dem Dialog 3 A. Schauen Sie bei dieser Übung nicht in Ihr Buch. Imitieren Sie die Aussprache und Intonation der Sprecher(in). Wiederholen Sie diese Übung mehrmals und versuchen Sie dann allein oder zu zweit, diesen Kurzdialog ohne Tonband zu spielen. Schreiben Sie sich als Gedächtnisstütze einige Stichworte auf.

3 E Wiederholungsübung

LESEN Sie diesen Text erst nach der Arbeit mit dem Tonband.

A: Die Pönale muß begrenzt werden.

B: An welchen Wert denken Sie?

A: Sagen wir fünf Prozent des Lieferwerts!

B: Das kann ich nicht akzeptieren.

A: Aber ich bitte Sie, warum denn nicht?

B: Das ist unüblich. Ich schlage fünfzehn Prozent vor.

A: Nein, so weit kann ich Ihnen nicht entgegenkommen.

B: Ich glaube, Sie haben Angst, daß Sie die Garantien nicht erreichen!

A: Das ist nicht der Fall. Ich bin meiner Sache absolut sicher.

B: Gut, dann können Sie mir doch fünfzehn Prozent zugestehen!

A: Das ist leider ganz unmöglich.

B: Gut, dann will ich Ihnen einen Kompromißvorschlag machen ...

A: Das freut mich.

B: Lassen Sie uns die Pönale auf zehn Prozent des Kaufpreises begrenzen.

A: Habe ich damit Ihre Unterschrift unter den Vertrag?

B: Damit würden wir der Unterschrift einen großen Schritt näherkommen.

A: Also gut, dann bin ich einverstanden.

3 F Dialog (Tonband und Buch)

HÖREN Sie sich den Dialog 3 A nochmals an. LESEN Sie gleichzeitig den folgenden Dialogtext *stumm* mit. Arbeiten Sie anschließend den Text durch. Dabei hilft Ihnen das einsprachige Glossar im Anschluß an den Dialogtext, auf das die Zahlen vor den zu erklärenden Ausdrücken verweisen. HÖREN Sie sich schließlich den Dialog nochmals an und versuchen Sie, ihn gleichzeitig zu SPRECHEN.

Herr Arnold:	Herr Papagos, wir kennen uns doch nun schon recht lange und *haben schon eine ganze* (1) *Reihe von Verhandlungen miteinander geführt* – ich glaube, (2) *wir sollten uns nicht zu sehr in diese Sache verbeißen:* Wir haben zwar etwas auseinandergehende Vorstellungen, aber vielleicht finden wir doch einen Kompromiß. Sie möchten auf der einen Seite den maximalen Staubauswurf auf das Doppelte des garantierten Wertes begrenzen – ich würde sagen, das akzeptieren wir.
Herr Papagos:	Sehr schön.
Herr Arnold:	Dafür sollten Sie uns auf der anderen Seite entgegenkommen. Sagen wir 0,5 % Pönale pro volle 5 Milligramm, begrenzt auf 5 % des Lieferwerts!
Herr Papagos:	Herr Arnold, wir können feste Milligrammwerte nicht akzeptieren. (3) *Ich muß auf Prozentwerten bestehen* und schlage Ihnen vor, daß wir pro 10 % Überschreitung des garantierten Staubauswurfs eine Pönale von 1,5 % des Kaufpreises der Anlage vereinbaren, begrenzt auf maximal 15 %.
Herr Arnold:	Jetzt muß ich aber leider feststellen, Herr Papagos, daß Sie keinerlei Kompromißbereitschaft zeigen, denn Sie bleiben sowohl bei den 10 wie auch bei den 1,5 % ... Lassen Sie uns doch dies vereinbaren: Wir nehmen keine Milligrammwerte, einverstanden, sondern Prozentzahlen. Bleiben wir bei den 10 %, einverstanden. Aber dann, bitte, für jede vollendeten 10 % 0,5 % des Kaufpreises, begrenzt auf maximal 5 %.
Herr Papagos:	Ich bin da noch immer anderer Ansicht. Sehen Sie, mir sind viele internationale Verträge bekannt: 5 % maximale Pönale bei einem so wichtigen (4) *Investitionsvorhaben* halte ich für

	absolut unüblich. Hier müßten Sie uns schon noch etwas ent-gegenkommen.
Herr Arnold:	Können wir das Entgegenkommen damit als beendet betrachten, daß wir uns bei 7,5 % einigen?
Herr Papagos:	Ich habe eigentlich an mehr gedacht, Herr Arnold!
Herr Arnold:	Ich weiß, an was Sie gedacht haben! Sie haben es mir ja deutlich gesagt, Sie dachten an 15 %!
Herr Papagos:	Herr Arnold, ich glaube, Sie haben Angst, daß Sie die Garantien nicht erreichen, und deshalb wollen Sie eine möglichst niedrige Pönale haben!
Herr Arnold:	Nun, das ist natürlich immer das Argument des Kunden! Auf der anderen Seite *haben Sie* (5) *eingangs erwähnt, daß Ihnen gar nichts* (6) *daran liegt, mit der Pönale Geld zu verdienen.* Wir sind uns doch darüber im klaren, daß wir in jedem Fall die Anlage, die wir Ihnen verkaufen, auf den garantierten Wert bringen müssen, auch ohne Pönale.
Herr Papagos:	Lassen Sie mich noch einmal (7) *unterstreichen,* daß wir es hier mit besonderen Verhältnissen zu tun haben und daß die Anlage bei Überschreitung der Garantiezahlen jederzeit stillgelegt werden kann!
Herr Arnold:	(8) *Das haben wir aber doch berücksichtigt,* Herr Papagos, indem wir die Anlage wesentlich größer ausgelegt haben, als wir das normalerweise tun! Unser Filter ist doch jetzt um ein Drittel größer als das Filter, das wir Ihnen im Dezember angeboten haben. Ich meine, Sie haben jetzt Sicherheiten, wo Sie hinschauen!
Herr Papagos:	Ja, Herr Arnold, wenn Sie so viele Sicherheiten in die Anlage hineingepackt haben, dann können Sie unseren Vorschlag hinsichtlich der Pönale doch leicht akzeptieren! Auf der anderen Seite muß ich mir dann die Frage stellen, ob ich nicht eine zu große Anlage gekauft und damit zu viel Geld ausgegeben habe!
Herr Arnold:	Aber ich bitte Sie, Herr Papagos, die Anlagengröße wurde doch von Ihnen praktisch vorgeschrieben. Es war Ihr Wunsch, daß wir über das im Dezember gemachte Angebot hinaus ein

	zusätzliches Aggregat einbauen sollten – nichts anderes haben wir getan.
Herr Papagos:	Mir scheint, (9) *Ihre Einwände gegen die Höhe der Pönale sind nicht so sehr sachlicher als prinzipieller Art!*
Herr Arnold:	In erster Linie geht es um die Sache, aber es spielen auch (10) *prinzipielle Erwägungen* eine Rolle, das will ich gern zugeben. Schauen Sie, Herr Papagos, ich als Ingenieur bin meiner Sache so sicher, (11) *daß ich Ihnen eine Pönale von 15 % glatt zugestehen würde* ...
Herr Papagos:	Na, (12) *prima,* dann tun Sie es doch!
Herr Arnold:	Ja, ich muß aber auch wieder nach Frankfurt zurück, und glauben Sie mir, unsere (13) *Geschäftsführung* hat ganz präzise Vorstellungen von dem, was wir Ingenieure in den Verhandlungen zugestehen dürfen. Über meinen Vorschlag hinaus kann ich Ihnen – zumindest hier und jetzt – kein weiteres (14) *Zugeständnis* machen, das ist ganz unmöglich.
Herr Papagos:	Ach, Herr Arnold, wissen Sie ... Vor einigen Jahren, als wir über die Anlage in Patras verhandelt haben, da war ein Kaufmann Ihrer Firma hier, ich glaube, es war Herr Schmitz ...
Herr Arnold:	Ja, das kann schon sein.
Herr Papagso:	Ich bin ziemlich sicher, wenn wir damals über diesen Punkt gesprochen hätten, er hätte unseren Vorschlag akzeptiert, um den Auftrag zu erhalten.
Herr Arnold:	Ja nun, Herr Papagos, **hat** er denn Ihren Vorschlag akzeptiert? Ich meine, das ist ein Eindruck, den Sie da haben ... Wenn ich mich recht erinnere ... Patras ... da hatten wir bestimmt keine Pönale von 15 %! Übrigens hat die Anlage Patras auch eine hohe Leistung, und sie liegt (15) *in einem dicht besiedelten Gebiet,* das heißt, es gelten im Prinzip die gleichen Argumente wie für unser jetziges Projekt ...
Herr Papagos:	Das ist richtig, Herr Arnold, aber damals haben wir noch großzügiger handeln können. Jetzt haben wir es mit einer 4 000-Tonnen-Anlage in einem Landschaftsschutzgebiet zu tun, und da möchten wir (16) *keinerlei Risiko eingehen.*
Herr Arnold:	Gut, wir sind uns ja auch im Prinzip über die Pönale einig,

aber das Druckmittel uns gegenüber ist mit 7,5 % bestimmt kräftig genug! Abgesehen davon — ich muß das noch einmal sagen — steht hier der Ruf der Firma Euro-Engineering auf dem Spiel, und den kann man ohnehin nicht in Prozenten ausdrücken ...

Herr Papagos:	Herr Arnold, ich mache Ihnen einen Kompromißvorschlag, und ich hoffe, daß Sie damit nach Frankfurt zurückkehren können, ohne (17) *die seidene Schnur* fürchten zu müssen: Lassen Sie uns die Höhe der Pönale auf maximal 10 % begrenzen!
Herr Arnold:	Habe ich damit Ihre Unterschrift unter den Vertrag?
Herr Papagos:	Sagen wir so: damit sind wir der Unterschrift einen großen Schritt nähergekommen ...
Herr Arnold:	Also gut, Herr Papagos, einverstanden.
Herr Papagos:	Das freut mich, Herr Arnold.

(3 Gongschläge)

3 G Glossar

1 wir haben schon eine ganze Reihe von Verhandlungen miteinander geführt
    wir haben schon oft geschäftliche, vertragliche Dinge gemeinsam besprochen

2 wir sollten uns nicht zu sehr in die Sache verbeißen
    wir sollten uns nicht in diesem Problem verlieren

3 ich muß auf Prozentwerten bestehen
    ich kann von meiner Forderung nach Prozentwerten nicht abgehen, ich kann mich davon nicht abbringen lassen

4 ein Investitionsvorhaben
    ein geplantes industrielles oder wirtschaftliches Projekt, bei dem Kapital (Geld, Maschinen etc.) eingesetzt wird

5 Sie haben das eingangs erwähnt
    Sie haben das zu Beginn des Gesprächs erwähnt

6 mir liegt nichts daran, mit der Pönale Geld zu verdienen
    ich lege keinen Wert darauf, mit der Pönale Geld zu verdienen

7 unterstreichen
    hier: betonen, hervorheben

8 diesen Punkt haben wir berücksichtigt
    diesem Punkt haben wir Rechnung getragen

9 er hat Einwände gegegen die Höhe der Pönale
    er ist nicht einverstanden mit der Höhe der Pönale, er bringt Argumente gegen die Pönale vor

10 prinzipielle Erwägungen
    grundsätzliche Überlegungen

11 das würde ich Ihnen glatt zugestehen
    das würde ich Ihnen ohne weiteres, ohne Bedenken zugestehen

12 prima! (Umgangssprache)
    wunderbar! fein!

13 die Geschäftsführung
    die Firmenleitung (Geschäftsführer, Direktoren)

14 das Zugeständnis — das Entgegenkommen, die Konzession

15 ein dicht besiedeltes Gebiet — eine Gegend, in der viele Menschen wohnen und arbeiten, in der es viele menschliche Ansiedlungen (Städte, Dörfer) gibt

16 keinerlei Risiko eingehen — die sicherste Lösung wählen

17 die seidene Schnur — wenn ein türkischer Höfling beim Sultan in Ungnade gefallen war, schickte man ihm eine seidene Schnur; damit sollte er sich selbst das Leben nehmen

3 H Ergänzungsübung

SCHREIBEN Sie die fehlenden Wörter in die Lücken. Den Schlüssel zu dieser Übung finden Sie unter 3 I.

1. Lassen Sie mich noch einmal unter . . . . , daß wir es hier mit besonderen V . . . . zu tun haben und daß die Anlage . . . Überschreitung der Garantiezahlen . . . . . zeit . . . . . gelegt werden kann.

2. Das haben wir . . . . . . sichtigt, i . . . . wir die Anlage . . . . . . lich größer ausgelegt haben, . . . wir das normaler . . . . . ' tun.

3. In erster . . . . . geht es . . die Sache, aber es spielen auch prinzipielle E . . . . eine Rolle, das will ich gern . . . .

4. . . . . meinen Vorschlag hinaus kann ich Ihnen – zu . . . . hier und jetzt – kein w . . . . . . Zugeständnis machen.

5. Übrigens hat die Anlage Patras auch eine hohe L . . . . , und sie liegt in einem dicht besiedelten . . . . . . , das heißt, es g . . . . . im Prinzip die gleichen . . . . wie . . . unser jetziges Projekt.

6. Hier . . . . . der Ruf der Firma . . . dem Spiel, und den kann man ohne . . . nicht in Prozenten . . . drücken.

7. Ich mache Ihnen einen . . . . vorschlag, mit dem wir der . . . . unter den Vertrag einen großen Schritt . . . . . kommen werden.

3 I Schlüssel zur Ergänzungsübung

1. unterstreichen – Verhältnissen – bei – jederzeit – stillgelegt
2. berücksichtigt – indem – wesentlich – als – normalerweise
3. Linie – um – Erwägungen – zugeben
4. Über – zumindest – weiteres
5. Leistung – Gebiet – gelten – Argumente – für
6. steht – auf – ohnehin – ausdrücken
7. Kompromißvorschlag – Unterschrift – näherkommen

4 A Vier-Phasen-Übungen (Tonband)

SPRECHEN Sie, wie es Ihnen Ihre Tonbandlehrer zu Beginn jeder Übung vormachen. Das geht z. B. so vor sich:

1. Lehrer: Wie wäre es mit einer Änderung der Lieferbedingungen?

2. Lehrer: Wir sind bereit, die Lieferbedingungen zu ändern

Ein solches Beispiel zeigt Ihnen, wie Sie reagieren sollen, wenn Ihnen ähnliche Sprechanreize gegeben werden, etwa so:

Lehrer: Wie wäre es mit einer Vergrößerung der Filter?

Schüler: Wir sind bereit, die Filter zu vergrößern

Lehrer: Wir sind bereit, die Filter zu vergrößern

Schüler: Wir sind bereit, die Filter zu vergrößern

Sie versuchen also immer, auf den Sprechanreiz, den „Stimulus", richtig zu reagieren. Falls Sie einen Fehler machen: Ihre Tonbandlehrer geben Ihnen anschließend die Modellantwort. Wiederholen Sie immer diese Modellantwort. Mehrmaliges Durcharbeiten der Drills erhöht den Lernerfolg.

4 B Vier-Phasen-Übungen

LESEN Sie diese Texte erst nach der Arbeit mit dem Tonband.

„Wir sind bereit, die Schäden zu beseitigen" (1)

Beispiel:
Wie wäre es mit einer Beseitigung der Schäden?
– Wir sind bereit, die Schäden zu beseitigen

Jetzt sind Sie an der Reihe!
Wie wäre es mit einer Beseitigung der Schäden?
– Wir sind bereit, die Schäden zu beseitigen

Wie wäre es mit einer Verlängerung der Garantiefristen?
– Wir sind bereit, die Garantiefristen zu verlängern

Wie wäre es mit einer Prüfung der Vorschläge?
– Wir sind bereit, die Vorschläge zu prüfen

Wie wäre es mit einer Änderung der Lieferbedingungen?
– Wir sind bereit, die Lieferbedingungen zu ändern

Wie wäre es mit einer Begrenzung der Pönalenwerte?
– Wir sind bereit, die Pönalenwerte zu begrenzen

Wie wäre es mit einer Verdoppelung der Garantiezahlen?
– Wir sind bereit, die Garantiezahlen zu verdoppeln

Wie wäre es mit einer Vergrößerung der Filter?
– Wir sind bereit, die Filter zu vergrößern

„Ja, ich würde vorschlagen, dem Kunden entgegenzukommen" (2)

Beispiel:
Sollen wir dem Kunden entgegenkommen?
– Ja, ich würde vorschlagen, dem Kunden entgegenzukommen

So, jetzt sind Sie an der Reihe!
Sollen wir dem Kunden entgegenkommen?
– Ja, ich würde vorschlagen, dem Kunden entgegenzukommen

Sollen wir diesen Passus in den Vertrag aufnehmen?
– Ja, ich würde vorschlagen, diesen Passus in den Vertrag aufzunehmen

Sollen wir Messungen durchführen?
– Ja, ich würde vorschlagen, Messungen durchzuführen

Sollen wir eine Meßtoleranz vorsehen?
– Ja, ich würde vorschlagen, eine Meßtoleranz vorzusehen

Sollen wir einen Garantiewert festlegen?
– Ja, ich würde vorschlagen, einen Garantiewert festzulegen

Sollen wir eine Maximalgrenze vorschreiben?
– Ja, ich würde vorschlagen, eine Maximalgrenze vorzuschreiben

Sollen wir Konventionalstrafen ausschließen?
– Ja, ich würde vorschlagen, Konventionalstrafen auszuschließen

„Was machen wir, wenn dieser Vertrag doch unterschrieben wird?" (3)

Beispiel:
Dieser Vertrag darf nicht unterschrieben werden
– Was machen wir, wenn dieser Vertrag doch unterschrieben wird?

Jetzt kommen Sie dran!
Dieser Vertrag darf nicht unterschrieben werden
– Was machen wir, wenn dieser Vertrag doch unterschrieben wird?

Dieser Wert darf nicht überschritten werden
– Was machen wir, wenn dieser Wert doch überschritten wird?

Dieser Passus darf nicht geändert werden
– Was machen wir, wenn dieser Passus doch geändert wird?

Diese Garantiefrist darf nicht verlängert werden
– Was machen wir, wenn diese Garantiefrist doch verlängert wird?

Dieses Zugeständnis darf nicht mißverstanden werden
– Was machen wir, wenn dieses Zugeständnis doch mißverstanden wird?

Diese Anlage darf nicht stillgelegt werden
– Was machen wir, wenn diese Anlage doch stillgelegt wird?

Dieser Vorschlag darf nicht akzeptiert werden
– Was machen wir, wenn dieser Vorschlag doch akzeptiert wird?

„Ja, damit müssen Sie rechnen" (4)

Beispiel:
Muß ich mit Störungen rechnen?
– Ja, damit müssen Sie rechnen

Jetzt sind Sie an der Reihe!
Muß ich mit Störungen rechnen?
– Ja, damit müssen Sie rechnen

Muß ich über die Garantien verhandeln?
– Ja, darüber müssen Sie verhandeln

Muß ich auf dieser Forderung bestehen?
– Ja, darauf müssen Sie bestehen

Muß ich von Konventionalstrafen sprechen?
– Ja, davon müssen Sie sprechen

Muß ich bei zehn Prozent bleiben?
– Ja, dabei müssen Sie bleiben

Muß ich an die neuen Vorschriften denken?
– Ja, daran müssen Sie denken

Muß ich gegen diese Forderung Einspruch erheben?
– Ja, dagegen müssen Sie Einspruch erheben

„Das haben wir schon angeboten" (5)

Beispiel:
Wann bieten Sie das Reserveaggregat an?
– Das haben wir schon angeboten

Jetzt sind Sie dran!
Wann bieten Sie das Reserveaggregat an?
– Das haben wir schon angeboten

Wann bessern Sie die Anlage nach?
– Die haben wir schon nachgebessert

Wann legen Sie den Kaufpreis fest?
– Den haben wir schon festgelegt

Wann führen Sie die Änderungen durch?
— Die haben wir schon durchgeführt

Wann schlagen Sie die Stillegung vor?
— Die haben wir schon vorgeschlagen

Wann gestehen Sie die Fristverlängerung zu?
— Die haben wir schon zugestanden

„Einen solchen Vorschlag halte ich für ausgeschlossen" (6)

Beispiel:
Ich habe Angst, daß der Kunde noch höhere Pönalen vorschlägt
— Einen solchen Vorschlag halte ich für ausgeschlossen

Jetzt sind Sie an der Reihe!
Ich habe Angst, daß der Kunde noch höhere Pönalen vorschlägt
— Einen solchen Vorschlag halte ich für ausgeschlossen

Ich habe Angst, daß der Lieferant den Garantiewert überschreitet
— Eine solche Überschreitung halte ich für ausgeschlossen

Ich habe Angst, daß der Kunde sich an griechischen Preisen orientiert
— Eine solche Orientierung halte ich für ausgeschlossen

Ich habe Angst, daß die Behörden weitere Garantien fordern
— Eine solche Forderung halte ich für ausgeschlossen

Ich habe Angst, daß die Anlage die Luft in diesem Gebiet verschmutzt
— Eine solche Verschmutzung halte ich für ausgeschlossen

Ich habe Angst, daß der neue Minister den Staubauswurf auf vierzig Milligramm begrenzt
— Eine solche Begrenzung halte ich für ausgeschlossen

Ich habe Angst, daß die Behörden unsere Anlage stillegen
— Eine solche Stillegung halte ich für ausgeschlossen

„Ja, ich bin auch von dieser Forderung nicht abgegangen" (7)

Beispiel:
Sie wollten doch von dieser Forderung nicht abgehen!
— Ja, ich bin auch von dieser Forderung nicht abgegangen

Jetzt sind Sie dran!

Sie wollten doch von dieser Forderung nicht abgehen!
— Ja, ich bin auch von dieser Forderung nicht abgegangen

Sie wollten doch von einem niedrigeren Wert ausgehen!
— Ja, ich bin auch von einem niedrigeren Wert ausgegangen

Sie wollten doch über vierzig Milligramm hinausgehen!
— Ja, ich bin auch über vierzig Milligramm hinausgegangen

Sie wollten doch nach Herrn Arnolds Plan vorgehen!
— Ja, ich bin auch nach Herrn Arnolds Plan vorgegangen

Sie wollten doch nach Frankfurt zurückgehen!
— Ja, ich bin auch nach Frankfurt zurückgegangen

Sie wollten doch keinerlei Risiko eingehen!
— Ja, ich bin auch keinerlei Risiko eingegangen

4 C Fragen und Antworten (Tonband)

HÖREN Sie sich die Fragen an. SPRECHEN Sie in den Pausen, d.h. beantworten Sie die Fragen nach bestem Vermögen. Wiederholen Sie jeweils die anschließende Modellantwort des Sprechers. Auf dem Tonband folgen diese Fragen und Antworten den Vier-Phasen-Übungen 4 B.

4 D Fragen

LESEN Sie die Fragen. SCHREIBEN Sie Ihre Antworten auf. Die Modellantworten zum Vergleich finden Sie unter 4 E.

1. Über welche Garantien will Herr Papagos mit Herrn Arnold sprechen?

2. Wie steht es mit der Gültigkeit der allgemeinen Lieferbedingungen von Euro-Engineering in diesem Fall?

3. Ab welchem Zeitpunkt soll die Materialgarantie gelten?

4. Herr Arnold ist bereit, vierzig statt vorher fünfzig Milligramm als Leistung zu garantieren. Warum kann er Herrn Papagos so weit entgegenkommen?

5. Warum hätte jeder Fall von Umweltverschmutzung böse Folgen für die griechische Firma?

6. An welche Dokument will sich Herr Arnold halten, wenn ein ganzes Filter ausfällt?

7. Was will Herr Papagos der Firma Euro-Engineering mit der Pönale klarmachen?

8. Warum will Herr Arnold hinsichtlich der Pönale eine Meßtoleranz in den Vertrag einbauen?

9. Auf welcher Basis soll die Meßtoleranz festgelegt werden?

10. Welche Vorschriften gibt es in Griechenland hinsichtlich der zulässigen Staubmenge?

11. Wie denkt Herr Papagos über eine Maximalpönale von 5 %?

12. Was kann nach Aussage von Herrn Papagos passieren, wenn die Anlage die Garantiezahlen nicht erreicht?

13. Herr Arnold sagt, daß er eine Pönale von 15 % zugestehen würde. Warum tut er es nicht?

14. Welchen Kompromißvorschlag macht Herr Papagos zum Schluß der Verhandlung?

15. An was denkt Herr Arnold, als er diesen Vorschlag akzeptiert?

1. Über die Garantien betreffend die Materialqualität und die Leistung der Anlage.

2. Diese Bedingungen sind ungültig. Es wird ein Vertrag gemacht, der sie ausschließt.

3. Ab der Inbetriebnahme der Anlage.

4. Weil das Filter reichlich dimensioniert wurde und die Sicherheitsreserve entsprechend groß ist.

5. Weil die neue Anlage in einem Touristengebiet errichtet wird.

6. An die Ausschreibung.

7. Daß es besser ist, Mängel an der Anlage zu beseitigen, als sich durch eine Pönalezahlung freizukaufen.

8. Weil es bei so niedrigen Werten sehr schwierig ist, genaue Messungen durchzuführen.

9. Auf der Basis der VDI-Richtlinien.

10. Es gibt überhaupt keine Vorschriften.

11. Er hält sie im Hinblick auf ein so wichtiges Investitionsvorhaben für absolut unüblich.

12. Die Anlage kann in einem solchen Fall stillgelegt werden.

13. Er kann nicht über das hinausgehen, was seine Geschäftsführung zuläßt.

14. Er schlägt vor, die Pönale auf maximal 10 % zu begrenzen.

15. An Herrn Papagos' Unterschrift unter den Vertrag.

4 F Audio-Test (Tonband und Buch)

HÖREN Sie sich die Satzanfänge an, die Ihre Tonbandlehrer vorlesen, und
kreuzen Sie auf diesem Testbogen jeweils diejenigen Schlußfassungen der Sätze
an, die den Dialoginformationen entsprechen. Auf dem Tonband folgt dieser
Audio-Test den Modellantworten 4 E. Den Schlüssel zu diesem Test finden Sie
unter 4 G.

1		2		3	
der Komplex der Garantien	O	berücksichtigt	O	überhaupt nicht enthalten	O
die Frage der Anlagengröße	O	ausschließt	O	voll eingehalten	O
der Kaufpreis der Anlage	O	überschreitet	O	begrenzt auf sechs Monate	O
das Problem der Meßtoleranz	O	begrenzt	O	auf keinen Zeitraum begrenzt	O

4

den Zeitraum für die Nachbesserung begrenzt	O
klare Preisangaben enthält	O
Störungen ausschließt	O
die Änderungen begrenzt	O

5

geändert wird	O
meßtechnisch erfaßt wird	O
überschritten wird	O
um mehr als das Doppelte überschritten wird	O

6

ist eine neue kritische Situation	O
ist sicher ausgeschlossen	O
ist völlig richtig	O
wird böse Folgen haben	O

7

Prozentwerten	O
Werten mit einer Toleranz	O
Werten zwischen 10 und 1,5 %	O
den Vorschriften der Behörden	O

8

eine zu große Anlage zu kaufen	O
ein Parallelfilter zu installieren	O
Einwände prinzipieller Art zu machen	O
mit der Pönale Geld zu verdienen	O

9

über der vorgeschriebenen Grenze liegt	O
die seidene Schnur zu fürchten hat	O
zu viel Geld für die Anlage ausgegeben hat	O
auf einer Pönale von 15 % bestehen soll	O

1. Mit den meisten Vertragspunkten ist Herr Papagos einverstanden. Worüber er mit Herrn Arnold noch sprechen will, das ist ... (der Komplex der Garantien).

2. Was die allgemeinen Lieferbedingungen von Euro-Engineering angeht, so denkt Herr Papagos an einen Vertrag, der diese Bedingungen ... (ausschließt).

3. Die Materialgewährleistung ist in den allgemeinen Lieferbedingungen von Euro-Engineering ... (begrenzt auf sechs Monate).

4. Vor Zahlung einer Pönale erhält Euro-Engineering die Möglichkeit, die Anlage nachzubessern. Allerdings wird hierfür ein Passus in den Vertrag eingebaut, der ... (den Zeitraum für die Nachbesserung begrenzt).

5. Herr Papagos geht davon aus, daß der garantierte Staubauswurf auf keinen Fall ... (um mehr als das Doppelte überschritten wird).

6. Daß ein neuer Minister in Griechenland Vorschriften erläßt, die über die diskutierten vierzig Milligramm hinausgehen, ... (ist sicher ausgeschlossen).

7. Herr Papagos sagt, er könne feste Milligrammwerte nicht akzeptieren, sondern müsse bestehen auf ... (Prozentwerten).

8. Herr Papagos erwähnte eingangs, daß ihm gar nicht daran liege, ... (mit der Pönale Geld zu verdienen).

9. Wenn Herr Arnold so viele Sicherheiten in die Anlage hineingepackt hat, muß sich Herr Papagos, wie er selbst sagt, fragen, ob er nicht ... (zu viel Geld für die Anlage ausgegeben hat).

4 H Zusammenfassung (Tonband)

HÖREN Sie sich die folgende Zusammenfassung der Dialoge 1 A, 2 A, 3 A an, und machen Sie sich dabei kurze Notizen wie bei einer Besprechung oder einem Kurzreferat. Versuchen Sie dann, anhand der Notizen den Inhalt der Zusammenfassung zu rekonstruieren.

SCHREIBEN Sie anschließend den Text nach Diktat vom Tonband, und korrigieren Sie schließlich etwaige Fehler durch Vergleichen mit 4 I.

4 I Zusammenfassung (Text)

Am 2. Oktober fand in Athen eine Besprechung statt, an der von unserer Seite Herr Arnold und von der Seite des Kunden Herr Direktor Papagos teilnahmen. Ziel der Besprechung war die Vorbereitung zur Unterzeichnung des Vertrages für den Bau einer Gasreinigungsanlage bei Athen. Folgende bisher noch offene Fragen konnten geklärt werden:

1) Materialgarantie
   Unserem Vorschlag für eine Begrenzung des Zeitraums der Materialgewährleistung auf 6 Monate stand der Wunsch des Kunden nach einer Verlängerung auf 2 Jahre gegenüber. Das Ergebnis der Verhandlung ist eine Materialgarantie von 12 Monaten ab Inbetriebnahme der Anlage.

2) Leistungsgarantie
   Ausgangspunkt war unser Angebot, einen Reststaubgehalt im gereinigten Gas von 50 Milligramm pro Kubikmeter bei einwandfreiem Funktionieren der Anlage zu garantieren.
   Der Kunde versuchte, niedrigere Werte zu erreichen und auf Absicherung auch bei Ausfall von 2 Hochspannungsaggregaten zu bestehen. Als Kompromißlösung wurde ein Garantiewert von 50 Milligramm bei Ausfall von einem Aggregat akzeptiert.

3) Konventionalstrafe
   In unserem bisherigen Schriftwechsel hatten wir als Pönale ein halbes Prozent des Lieferwerts für je 10 Milligramm Staub pro Kubikmeter vorgesehen, wobei die Gesamtzahlung nicht mehr als 5 Prozent des Lieferwerts betragen sollte. Die Extremforderung des Kunden lag wesentlich höher. Da wir daran interessiert sind, noch in diesem Jahr die Unterschrift unter den Vertrag zu bekommen, mußte hier ein größeres Zugeständnis von unserer Seite gemacht werden, nämlich 0,5 % des Kaufpreises pro 10 % Überschreitung des garantierten Staubauswurfs, begrenzt auf maximal 10 % des Gesamtwerts unserer Lieferungen.

Herr Arnold wird die Ergebnisse der Verhandlung dem Kunden schriftlich bestätigen und um einen Vorschlag zu einer abschließenden Besprechung in Athen oder Frankfurt bitten.

4 J Arbeitstexte

LESEN Sie diese Texte. Schlagen Sie unbekannte Wörter möglichst in einem einsprachigen Lexikon nach.

„Die Zehn Gebote für Verhandlungsführende"

a) Sie sind der Käufer!

1. Führen Sie die Verhandlungen in Ihrem eigenen Land, nicht im Land des Verkäufers.

2. Handeln Sie möglichst zunächst den Preis und dann erst die Vertragsbedingungen aus.

3. Verwenden Sie für die Verhandlung einen Vertragsentwurf, den Sie geschrieben haben, nicht der Verkäufer.

4. Bürden Sie in Ihrem Vertragsentwurf alle Last dem Verkäufer auf.

5. Nehmen Sie in Ihren Vertragsentwurf alles auf, was Ihnen aus früheren Verträgen als für Sie vorteilhaft bekannt ist.

6. Machen Sie nur dann Zugeständnisse, wenn Sie dafür eine Gegenleistung bekommen.

7. Versuchen Sie, bei jeder Verhandlung etwas mehr herauszuholen als bei der vorigen.

8. Sagen Sie nie sofort „nein" oder „ja". Sagen Sie: „Ich werde mir das überlegen!"

9. Geben Sie nie auf. Wenn Sie hartnäckig verhandeln, werden Sie immer etwas erreichen.

10. Lassen Sie sich Zeit. Werden Sie nicht ungeduldig, wenn die Verhandlung einen Tag oder eine Woche länger dauert, als Sie geplant hatten.

b) Sie sind der Verkäufer!

1. Machen Sie sich selbst ganz klar, wie weit Sie gehen wollen und können, bevor Sie eine Verhandlung beginnen.

2. Gehen Sie davon aus, daß Ihre Verhandlungspartner erfahrene Leute sind.

3. Zeigen Sie nicht zuviel von Ihren Gedanken und Gefühlen, besonders dann nicht, wenn Sie Grund zu der Annahme haben, daß man Ihnen eine Falle stellen will.

4. Machen Sie viel Aufhebens von etwas Unwesentlichem, das Sie dann später aufgeben können, um etwas wirklich Wesentliches dafür einzuhandeln.

5. Wenn Sie eine Verpflichtung zu Lasten des Käufers durchsetzen wollen, so wählen Sie eine für den Käufer schmeichelhafte Formulierung, die nicht wie eine Verpflichtung klingt.

6. Bewahren Sie Ihre Ruhe.

7. Seien Sie geduldig.

8. Achten Sie darauf, daß in der Verhandlung immer nur jeweils ein Punkt behandelt wird.

9. Seien Sie immer bereit, die Verhandlung abzubrechen, auch wenn dadurch der Auftrag verloren gehen könnte.

10. Vergessen Sie nie, daß kein Mensch Sie zwingen kann, den Vertrag zu unterschreiben.

Brief der Firma Euro-Engineering an den Direktor der Käuferfirma

Sehr geehrter Herr Papagos!

Wir beziehen uns auf unseren bisherigen Schriftwechsel
zu dem Projekt einer Gasreinigungsanlage für Ihr Werk in
Athen und senden Ihnen als Anlage unseren revidierten
Vertragsentwurf mit der Bitte, diesen zu prüfen.

Wir hatten Ihnen mit unserem Schreiben vom 18. September
eine Besprechung der verschiedenen Vertragspunkte in Athen
vorgeschlagen. Mit Ihrem Fernschreiben vom 20. September
haben Sie diesem Vorschlag zugestimmt und als Termin den
2. Oktober genannt. Wir sind mit diesem Termin einverstanden. Unser Herr Arnold wird am 1. Oktober nachmittags
16.30 Uhr mit Lufthansa Flug Nr. 112 in Athen eintreffen.
Wir haben bereits ein Zimmer für ihn im Hotel Grande Bre-
tagne reservieren lassen. Herr Arnold wird sich also am
2. Oktober morgens gegen 9.00 Uhr in Ihrem Büro einfinden.

Um Ihnen die Prüfung unseres revidierten Vertragsentwurfs
zu erleichtern, möchten wir Sie kurz auf diejenigen Punkte
hinweisen, die wir mit Bezug auf den in Ihrem Besitz be-
findlichen ersten Vertragsentwurf geändert haben, wobei
wir annehmen, daß die neuen Versionen nunmehr Ihre Zustim-
mung finden.

"Artikel II - Planung

1.1 Sollte der Käufer die Schulung seines Fachpersonals
    im Ausland wünschen, so wird der Verkäufer sich be-
    mühen, die Möglichkeit einer solchen Schulung zu
    schaffen. Die Reise- und Aufenthaltskosten sowie das
    Gehalt des zu schulenden Personals gehen zu Lasten
    des Käufers.

3. Die Planung des Verkäufers erfolgt nach deutschen
    Normen (DIN) oder, falls solche nicht bestehen, nach
    den Werksnormen des Verkäufers, sowie nach deutschen
    Unfallverhütungs- und Sicherheitsvorschriften. Dar-
    überhinaus wird der Käufer dem Verkäufer die entspre-
    chenden griechischen Vorschriften bekanntgeben. Der
    Verkäufer ist verpflichtet, diese Vorschriften zu be-
    rücksichtigen.

Artikel III - Preis

1.3 Schätzbetrag für die Leitung der
    Montage und Inbetriebsetzung .... DM 150.000,--

Artikel IV - Zahlungsbedingungen

1. 10 % des Gegenwerts der Maschinen und Einrichtungen, das heißt DM 123.000,--, binnen 30 Tagen nach Inkrafttreten des Vertrages, und zwar gegen Vorlage einer Anzahlungsgarantie einer beiderseitig gutzuheißenden deutschen Bank, mit der Verpflichtung seitens des Verkäufers, die Anzahlung zurückzuüberweisen, falls der Verkäufer seinen Lieferverpflichtungen nicht nachkommt. Der Text der Anzahlungsgarantie ist in Anlage I festgelegt. Diese bildet einen untrennbaren Teil des vorliegenden Vertrages.

Artikel V - Kontrolle der Lieferungen

2. Der Käufer ist berechtigt, auf eigene Kosten seinen Inspektor oder andere von ihm beauftragte Personen zwecks Durchführung einer Fabrikationskontrolle zum Verkäufer zu entsenden. Der Verkäufer ermöglicht dem Käufer nach dessen vorheriger schriftlicher Bekanntgabe die Durchführung solcher Kontrollen in den Betrieben der Hersteller während der normalen Arbeitszeit.

Artikel VI - Liefertermine

1.3 Unter den in Punkt 1.1 und in Punkt 1.2 dieses Artikels genannten Lieferterminen ist der Zeitpunkt des BRD-Grenzübertritts zu verstehen, das heißt der Zeitpunkt, an dem die Maschinen, Einrichtungen und Dokumentationen das Gebiet der Bundesrepublik Deutschland verlassen. Dieses Datum ist dem Originalfrachtbrief zu entnehmen.

Artikel VII - Verpackung, Kennzeichnung, Versand

1.04 Der Verkäufer wird die einzelnen Kolli mit folgenden Lagerungsanweisungen kennzeichnen:

Lagerung im Freien   F
Lagerung im Freien mit Abdeckung   A
Lagerung in abgedeckten und
geschlossenen Räumen   G

Artikel XII - Vertragliche Haftung - Garantien - Konventionalstrafen

2. Falls der Verkäufer aus Gründen, die er zu vertreten hat, die in diesem Artikel festgelegten Garantiewerte nicht nachweisen kann, so hat er dem Käufer folgende Pönale zu zahlen:

- Je volle 10 mg/m^3 Überschreitung des garantierten Reingasstaubgehalts 0,5 % des Filterpreises, max. 5 % des Wertes der Gesamtlieferung.

<u>Anhang E – Bedingungen für Montage und Inbetriebsetzung</u>

3. Der Verkäufer ist verpflichtet, die Personalien sei-
    ner für die Baustelle vorgesehenen Fachkräfte wenig-
    stens 6 Wochen vor Montagebeginn schriftlich dem
    Käufer bekanntzugeben. Im einzelnen sind anzugeben:
    Name und Vorname, Geburtsdatum und –ort, Nummer des
    Passes, ständiger Wohnort, genaue Adresse, Beruf,
    Staatsangehörigkeit."

Soviel zu den Änderungen des Vertragstexts, die wir aufgrund Ihrer Stellungnahme zu dem vorangegangenen Entwurf
vorgenommen haben. Wir hoffen, daß die bevorstehende Besprechung in Athen zu einer Klärung der noch offenen Fragen führt und somit einer Unterzeichnung des Vertrages
nichts mehr im Wege steht.

Mit freundlichen Grüßen

EURO-ENGINEERING GMBH

ppa Schmitz   ppa Arnold

<u>Anlage</u>

Revidierter Vertragsentwurf

Rüdiger Renner/Rudolf Sachs

Wirtschaftssprache Englisch/Deutsch · Deutsch/Englisch

Systematische Terminologie und alphabetisches Wörterbuch mit Übersetzungsübungen

3., völlig neu bearbeitete Auflage, 543 Seiten, Linson, Hueber-Nr. 6201

Schlüssel zu den Übersetzungsübungen, Hueber-Nr. 2.6201

Günther Haensch/Rüdiger Renner

Wirtschaftssprache Französisch/Deutsch · Deutsch/Französisch

Systematischer Wortschatz mit Übersetzungsübungen und alphabetischen Registern

4., völlig neu bearbeitete und erweiterte Auflage, 539 Seiten, Linson, Hueber-Nr. 6202

Günther Haensch/Francisco López Casero

Wirtschaftssprache Spanisch/Deutsch · Deutsch/Spanisch

Systematischer Wortschatz mit Übersetzungsübungen und alphabetischen Registern

2., völlig neu bearbeitete und erweiterte Auflage, 483 Seiten, Linson, Hueber-Nr. 6203

Nikolai Grischin/Günther Haensch/Rüdiger Renner

Wirtschaftssprache Russisch/Deutsch · Deutsch/Russisch

Systematischer Wortschatz mit Übersetzungsübungen und alphabetischem Wörterbuch

480 Seiten, Linson, Hueber-Nr. 6207

Jedem Sachkapitel mit dem entsprechenden Wortschatz und der Phraseologie schließen sich deutsch- und fremdsprachige Übersetzungsübungen an. Die Bände eignen sich für Studenten der Wirtschaftswissenschaft, Außenhandelskaufleute und Fachübersetzer.

 Max Hueber Verlag